Concepción Lavella Clemares

APULEYO EDICIONES   FOMENTO DE VALORES   CUENTOS ILUSTRADOS

Enrico Corazón de Oro

APULEYO EDICIONES   FOMENTO DE VALORES   CUENTOS ILUSTRADOS

Colabora un hijo de niño minero con un resumen de las minas de la Unión.

A mis nietos, Alberto y Álvaro.

A mi marido, Mariano López Acosta Abellán, por colaborar con mi cuento.

Érase una vez un niño, un niño llamado Enrico.

Enrico, el niño del corazón de oro.

Es de noche, el día ya ha llegado a su fin, Enrico escucha, con mucho sueño, a su hermano Ramón, que le habla de sus cosas. Durante el día han paseado al niño Jesús Minero, blanca y preciosa procesión. No tardan en caer exhaustos en sus camas con sábanas de colores

La luna ilumina sus caritas. Toda la habitación queda en un tono azul tenue.

Enrico se duerme y sueña...

...Érase una vez el futuro, el año 2038... De pronto, la tierra tiembla, las montañas crujen todas a la vez y se escucha un gran estruendo. Se abren zanjas, se hunden edificios y se quiebra el manto terrestre. La gente huye aterrada, sin rumbo. Los satélites se desconectan y algunos aviones se estrellan. Dejan de funcionar internet, la luz eléctrica, la radio, la televisión y, peor aún, los móviles.

Por si esto fuera poco, hay un eclipse de sol.

Gor y Telfan, dos inseparables amigos, son las únicas personas que quedan en el colegio. Se han quedado jugando en el patio después de las clases.

—¡Coge tu mochila, la tierra se mueve! —le dice Telfan a Gor.

Telfan, el más alto de los dos, tiene que encogerse bastante para pasar por el estrecho marco de una ventana y, al saltar, se da contra las ramas de un árbol, pero enseguida se pone de pie y le pide a Gor que salte también.

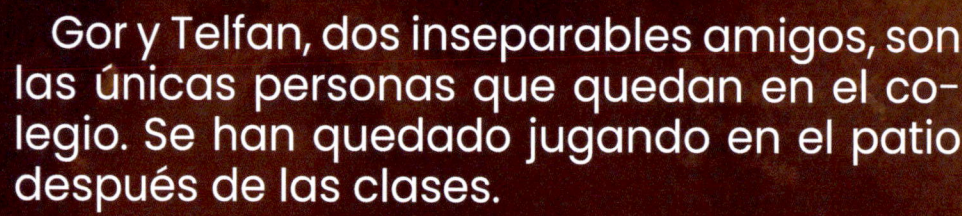

Están solos en mitad de la oscuridad. El amanecer se ve extraño, lleno de humo y de niebla. Se oyen a lo lejos pequeños estruendos que suenan como bombardeos. También pueden oírse helicópteros y avionetas apagando fuegos.

Los dos amigos se mueven de un lado a otro, totalmente desorientados y aterrados. Lo mejor es permanecer lo más quietos posible.

De repente, ven, a lo lejos, una sombra.

—A lo mejor es un monstruo que acaba de salir de debajo de la tierra —dice Gor con miedo.

—¡Qué tontería! —responde Telfan.

Al acercarse, observan que la sombra está compuesta por varias personas y cosas. Pronto se dan cuenta de que se trata de un grupo de ancianos que han abandonado su residencia antes de que se derrumbe.

Han rescatado toda la comida y todos los enseres que han podido y tratan de hacer un fuego para calentarse, ya que aún es invierno. Cuando lo consiguen, el resplandor ilumina sus caras y sus sonrisas resplandecen entre las arrugas.

Los ancianos son cariñosos y muy acogedores, así que los niños se sienten a salvo con ellos inmediatamente.

Se sientan alrededor del pequeño fuego, compartiendo la comida. Comienzan a contar historias que les ocurrieron a sus abuelos y a los abuelos de sus abuelos, allá en el siglo XIX...

—Es curioso —dijo el más anciano del grupo, al que todos llamaban Bastión el Abuelo—, esto me recuerda a algo que me contaba mi abuelo que le pasó a su padre, mi bisabuelo, que fue minero de niño, allá en su pueblo, La Unión. En su época, los niños tenían que entrar en las minas a sacar el plomo para enriquecer a unos pocos, sin saber siquiera lo que era la niñez. No tenían nada. Por no tener, no tenían ni el consuelo de su madre. Estaban en la oscuridad, como nosotros ahora.

Telfan se levanta y comienza a dar saltos y a gritar con rabia:

—¡Mis padres, mi familia, mi móvil, mi Play, mis amigos!

Gor rompe a llorar y pronuncia una queja parecida:

—Mi mamá, mi perrico... y hoy daban mi peli favorita.

Bastión se levanta y dibuja con una rama una montaña y unas rayas. Los chicos dejan de balbucear y el anciano sigue con su historia.

—Aquí estaba la mina. De estos pequeños túneles sacaban los niños el mineral. Mi bisabuelo era uno de ellos. Era un artista y cantaba flamenco muy bien, mi padre me lo contaba con lágrimas en los ojos. Por él aprendí flamenco.

Bastión se pone a cantar y su compañero Raúl le acompaña tocando la guitarra. Nadie lleva reloj. A lo lejos se oyen ambulancias, bocinas de automóviles, camiones de bomberos y barcos.

Cuando Bastión y Raúl terminan, otro de los ancianos, Tomás, que acaba de terminarse un bocadillo de atún, dice:

—Yo conozco otra historia. Se titula «Enrico, el niño del corazón de oro», y dice así:

Hace muchos muchos pero que muchos años, nació un niño con el corazón de oro. Sí, de oro, y sus padres no lo sabían. Lo llamaron Enrico. Era rubio y con ojos color miel claro. Sus padres lo observaban y veían que todo lo que hacía lo convertía en belleza y alegría, pero no sabían por qué.

El niño siempre esta-
ba jugando feliz. Si veía a
alguien triste, enseguida
corría hacia él y todo flo-
recía y se volvía alegre.
Cuando creció y se hizo
un muchacho, Enrico em-
pezó a caminar por los
pueblos. Todas las per-
sonas a las que conoció
se llenaron de felicidad
y se volvieron muy ricas.
El muchacho solo sabía
llevar fortuna, bonanza y
belleza a todo el mundo.

Pero un día fueron a buscarlo unos seño-
res millonarios e importantes que pensa-
ban que era una persona muy poderosa,
pues, gracias a él, todo el mundo se estaba
haciendo rico y ellos empezaban a perder
su poder. Lo encarcelaron para que nadie
hablara con él.

Todos los días, Enrico cantaba una canción:

«¡Ay! ¿Cuándo
a mi madre veré?
¿Y a mi padre y a mis hermanos?
¡Ay de mí!».

A pesar de todo, seguía alegre porque su corazón seguía siendo de oro. Aunque lloraba por el dolor, incluso este lo convertía en flores, colores y vida. Dejaba aroma a chocolate, vainilla y fresas por todas partes. Era un dorado rostro de amabilidad y frescor.

Entonces se produjo el hecho más increíble del mundo. Dentro de su celda brotaron maravillas de toda clase: árboles frutales, riachuelos, fuentes, pajarillos y toda clase de manjares, porque cuanto peor trataban a Enrico, más fuerte se hacía su corazón de oro. Al cabo de un rato, la cárcel desapareció y solo quedaba un pequeño paraíso de flores y animales.

Enrico siguió su camino por los pueblos y un día se enamoró de una muchacha, que era tan bella que cautivaba hasta a las serpientes venenosas y tan rica y tan bondadosa como él. Se llamaba Helena.

Los dos enamorados se marcharon juntos y nadie los volvió a ver. Tuvieron unos hijos tan ricos que alguien, envidioso, los enterró en las profundidades de la tierra. Aun así, dieron mucho oro, plata, plomo y magnesio, porque habían heredado el corazón de oro de su padre.

En el lugar en el que fueron enterrados nacieron la copla y los guerreros de la piedra, que luchaban entre el sol y la noche para sacar los tesoros más preciados. Sin embargo, vino el hombre que explotaba y los hizo esclavos, los obligó a trabajar demasiado dentro de la mina, sin horarios. Algunos morían.

A pesar de todo, eran valientes: cantaban, soñaban y, cuando morían, su oro seguía, pues su abuelo Enrico Corazón de Oro había convertido a su pueblo en riqueza y cante, en magia y alegría. Aunque su dolor no se acababa, seguían brotando flores y belleza, porque, sobre el dolor, el pueblo siempre fue belleza y amor.

Aún podemos escuchar el cante dorado de la piedra. Es Enrico, el abuelo de los mineros.

Los niños se han quedado profundamente dormidos al calor del fuego y de las historias.

Telfan sueña con las cuevas y con que dentro hay unos niños que han sido raptados por monstruos de piedra con cabeza de toro. Los rescata con la ayuda de unos majestuosos animales mitad pez y mitad caballo que le regalan un enorme pico de minero de cristal blanco con el que acaba con los monstruos.

El niño despierta gritando y dando saltos, alegre y asustado a la vez.

Gor, por su parte, sueña que está dentro de una mina y alrededor hay unos niños sentados, pegados a la pared. Son transparentes, parecen ángeles. Al fondo de la mina hay una luz blanca que avanza hasta donde está él. Cuando la tiene cerca, se da cuenta de que se trata de un unicornio. Gor, asombrado, se estremece. Se monta en el mágico animal con todos los niños mineros y salen de la mina. Se van volando por el cielo azul.

Gor se despierta y sonríe.

Fuera se escuchan

la lluvia y ruidos de helicópteros y de ambulancias lejanas.

Aunque Telfan y Gor siguen muy preocu-
pados por sus familias, ha parado de llover y
empieza a clarear la tarde. El eclipse de sol ha
terminado y la tierra ha dejado de temblar.

Momentos después, vuelve la conexión de
los satélites, los móviles vuelven a funcionar y
sus padres por fin pueden llamarlos. Sienten
un gran alivio.

Los ancianos se juntan todos de nuevo y con
los dos niños emprenden el camino hacia La
Unión, donde les están preparando una fies-
ta para celebrar que están todos bien.

(Palmas y cante).
A la luna, luna, luna,
madre venme a buscar.
De la mina llevo
corazoncito de pan.
No llores, ven a verme.
Dentro está
la luna, la luna
esperándote ya.

Enrico se despierta y recuerda su sueño. Se despereza sonriendo, salta de la cama, corre hacia donde duerme su abuelo y le da un abrazo.

—¡Te quiero, abuelo!

LOS NIÑOS DE LA GAVIA

A pesar y en contra de lo que la ley sobre el trabajo infantil de fecha 24 de julio de 1873 recogía, muchos de los niños menores de los nueve años fueron trabajadores de la mina, trabajando de sol a sol de forma infrahumanas, robándoles la niñez y hasta incluso la vida, a muchos de ellos. Los primeros artículos de dicha ley decretada y sancionada por las Cortes españolas constituyentes decían:

ART. 1º LOS NIÑOS Y LAS NIÑAS MENORES DE 10 AÑOS NO SERÁN ADMITIDOS AL TRABAJO EN NINGUNA FÁBRICA, TALLER, FUNDICIÓN O MINA.

ART. 2º NO EXCEDERÁ DE CINCO HORAS DIARIAS, EN CUALQUIER ESTACIÓN DEL AÑO, EL TRABAJO DE LOS NIÑOS MENORES DE 13, NI EL DE LAS NIÑAS MENORES DE 14.

ART. 3º TAMPOCO EXCEDERÁ DE OCHO HORAS EL TRABAJO DE LOS JÓVENES DE 13 A 15 AÑOS, NI EL DE LAS JÓVENES DE 14 A 17.

ART. 4º NO TRABAJARÁN DE NOCHE LOS JÓVENES MENORES DE 15 AÑOS, NI LAS JÓVENES MENORES DE 17, EN LOS ESTABLECIMIENTOS EN QUE SE EMPLEEN MOTORES HIDRÁULICOS O DE VAPOR. PARA LOS EFECTOS DE ESTA LEY, LA NOCHE EMPIEZA A CONTARSE DESDE LAS OCHO Y MEDIA.

ART. 5º LOS ESTABLECIMIENTOS DE QUE HABLA EL ARTÍCULO 1º, SITUADOS A MÁS DE CUATRO KILÓMETROS DE

LUGAR POBLADO, Y EN LOS CUALES SE HALLEN TRABAJAN-DO PERMANENTEMENTE MÁS DE 80 OBREROS Y OBRERAS MAYORES DE 17 AÑOS, TENDRÁN OBLIGACIÓN DE SOS-TENER UN ESTABLECIMIENTO DE INSTRUCCIÓN PRIMARIA, CUYOS GASTOS SERÁN INDEMNIZADOS POR EL ESTADO. EN ÉL PUEDEN INGRESAR LOS TRABAJADORES ADULTOS Y SUS HIJOS MENORES DE 9 AÑOS. ES OBLIGATORIA LA ASISTENCIA A ESTA ESCUELA DURANTE TRES HORAS POR LO MENOS PARA TODOS LOS NIÑOS COMPRENDIDOS EN-TRE LOS 9 Y LOS 13 AÑOS Y PARA TODAS LAS NIÑAS DE 9 A 14.

ART. 6º TAMBIÉN ESTÁN OBLIGADOS ESTOS ESTABLECI-MIENTOS A TENER UN BOTIQUÍN Y A CELEBRAR CONTRA-TOS DE ASISTENCIA CON UN MÉDICO-CIRUJANO, CUYO PUNTO DE RESIDENCIA NO EXCEDA DE DIEZ KILÓMETROS, PARA ATENDER A LOS ACCIDENTES DESGRACIADOS QUE POR EFECTO DEL TRABAJO PUEDAN OCURRIR.

ART. 7º LA FALTA DE CUMPLIMIENTO A CUALQUIERA DE LAS DISPOSICIONES ANTERIORES SERÁ CASTIGADA CON MULTA DE 125 A 1.250 PESETAS.

ART. 8º JURADOS MIXTOS DE OBREROS, FABRICANTES, MAESTROS DE ESCUELA Y MÉDICOS, BAJO LA PRESIDEN-CIA DEL JUEZ MUNICIPAL, CUIDARÁN DE LA OBSERVANCIA DE ESTA LEY Y DE SU REGLAMENTO, EN LA FORMA QUE EN ÉL SE DETERMINE, SIN PERJUICIO DE LA INSPECCIÓN QUE A LAS AUTORIDADES Y MINISTERIO FISCAL COMPETE EN NOMBRE DEL ESTADO. (...) LO TENDRÁ ENTENDIDO EL PODER EJECUTIVO PARA SU IMPRESIÓN, PUBLICACIÓN Y CUMPLIMIENTO.

Pero en la minería, los niños fueron utilizados para adentrarse en las grietas o agujeros pequeños y estrechos de las minas. Estas criaturas se encargaban de la colocación de la dinamita, para ir abriendo nuevas galerías y tajos a trabajar siguiendo el camino de las vetas minerales, así como también además de ejercer el trabajo en el exterior, con funciones como la del lavado de mineral o el cuidado de las mulas y burros, utilizados en este sector laboral. Otra de las funciones de esos niños fue la extracción del mineral al exterior, portando los capazos cargados de esas rocas tan preciadas. Lo hacían por los estrechamientos de la mina, ya que el cuerpo de los adultos era inaccesible por dichos lugares del corazón de la tierra.

Se les conocían como niños "acarreadores" o de "la gavia", terminología heredada de la palabra gavia, procedente del latín cavea "cavidad", jaula y cuyos significados recogidos en el diccionario de la lengua española elaborado por la Real Academia Española son: zanja que se abre en la tierra para desagüe o linde de propiedades, hoyo o zanja para plantar árboles o cepas, jaula (armazón hecha con barras o listones), o en alemán cárcel (local de reclusión de presos).

En minería, cuadrillas de operarios que se emplea en el trecheo, esos entre otros significados que no tienen relación con la minería. Se puede comprobar como algunos de estos significados a los que se refiere, siendo el caso de jaula o cárcel, le viene bastante al acorde con el lugar de la mina donde estos niños, de apenas una década de vida trabajaron, siendo un gran número de ellos para desgracia de esas familias, los que trabajaron en condiciones inhumanas en nuestra sierra minera de Cartagena – La Unión.

Foto: Paco Silvente

Archivo P.Silvente, h 1907

© Concepción Lavella Clemares (de la obra)
©Apuleyo Ediciones (de esta edición)
Primera edición en Apuleyo Ediciones: diciembre 2024
Diseño de cubierta: Alejandro Rosas
Corrección: Aitor Andreu Guerrero
Maquetación: Alejandro Rosas
Ilustraciones: Andrelo
Coordinación editorial: Isidoro Cidre González
info@apuleyoediciones.com
www.apuleyoediciones.com
ISBN: 978-84-1060-132-1
Depósito legal: H 86-2024

Hecho e impreso en España.